CATALOGUE

D'UNE COLLECTION

DE

TABLEAUX

ANCIENS

DES ÉCOLES

Flamande, Hollandaise, Italienne, Allemande & Française,

PARMI LESQUELS

HUIT PANNEAUX POUR DÉCORATION D'APPARTEMENTS

Par HUBERT ROBERT

ET CINQ AUTRES

Par FRANÇOIS SWAGERS

DONT LA VENTE AUX ENCHÈRES PUBLIQUES AURA LIEU

HOTEL DROUOT

SALLE N° 3

Le Mardi 22 Janvier 1867, à 1 heure 1/2.

Par le ministère de M° **Charles Pillet**, Commre-Priseur,
rue de Choiseul, 11,
Assisté de M. **FEBVRE**, Expert, rue Laffitte, 12,
Chez lesquels se distribue le présent catalogue.

EXPOSITION PUBLIQUE

Le Lundi 21 Janvier 1867, de une heure à cinq heures.

PARIS — 1867

CATALOGUE

D'UNE COLLECTION

DE

TABLEAUX ANCIENS

DES ÉCOLES

Flamande, Hollandaise, Italienne, Allemande & Française,

PARMI LESQUELS

HUIT PANNEAUX POUR DÉCORATION D'APPARTEMENTS

Par HUBERT ROBERT

ET CINQ AUTRES

Par FRANÇOIS SWAGERS

DONT LA VENTE AUX ENCHÈRES PUBLIQUES AURA LIEU

HOTEL DROUOT

SALLE N° 3

Le Mardi 22 Janvier 1867, à 1 heure 1/2.

Par le ministère de M° **CHARLES PILLET**, Cmm^{re}-Priseur,
rue de Choiseul, 11,

Assisté de M. **FEBVRE**, Expert, rue Laffitte, 12,

Chez lesquels se distribue le présent catalogue.

EXPOSITION PUBLIQUE

Le Lundi 21 Janvier 1867, de une heure à cinq heures.

PARIS — 1867

1867

CONDITIONS DE LA VENTE

Elle sera faite au comptant.

Les Acquéreurs paieront CINQ pour CENT, en sus des adjudications.

L'Exposition mettant le public à même de se rendre compte de l'état des Tableaux, il ne sera admis aucune réclamation, une fois l'adjudication prononcée.

DÉSIGNATION
DES
TABLEAUX

ABTSHOVEN (Théodore)

1 — Estaminet flamand.

ARTOIS (Jacques Van)

2 — Paysage boisé.
>Sur le devant, animaux s'abreuvant à un cours d'eau.

BACKHUYSEN Ludolphe (Attribué à)

3 — Escadre hollandaise et plage. (Dessin.)

BALEN (Henri Van)

4 — Le Christ mort et les Saintes Femmes.

BERTIN (Édouard)

5 — Campagne italienne.
>Sur le devant, un cours d'eau séparant deux routes où l'on voit des moines; plus loin, un monastère et des montagnes.

BOILLY (Attribué à)

6 — La Statue de l'Amour couronnée de roses par deux jeunes dames.

BREDA (Jean Van)

7 — La Pêche.

    Sur le bord de la mer est un gentilhomme à cheval et une dame montée sur une mule regardant des pêcheurs qui retirent leurs filets.

CARESME (Jacques)

8 — Les Vendanges d'Erigone.

    La Déesse est étendue sur un lit de repos; près d'elle, des bacchants et des nymphes cueillent des raisins; plus loin, danses.

CARPENTERO (Henry)

9 — Animaux dans une campagne italienne conduits par des villageois.

CARRACHE Annibal (École de)

10 — Vénus et Adonis; fond de paysage.

CARRACHE Annibal (Genre de)

11 — Sainte Famille.

    L'Enfant Jésus reçoit les caresses du petit saint Jean soutenu par sainte Élisabeth.

CHARDIN (Siméon)

12 — Le Bénédicité. (Esquisse.)

CONING (Salomon de)

13 — Portrait d'une jeune Fille vue en buste.

> Presque de profil à droite, les épaules découvertes, elle tient un papier sur lequel on lit la signature du maître.

COYPEL (Noel)

14 — Vertumne et Pomone.

14 bis — Hercule filant aux pieds d'Omphale.

CROOS

15 — Campement de troupes à l'entrée d'un village.
> Rappelant les œuvres de Van Goyen.

DELARIVE

16 — Paysage montagneux avec lac.

DANLOUX (Pierre)

17 — Financier assis près de son bureau.

DURER Albert (Attribué à)

18 — Cinq Panneaux représentant la Vie et la Mort de saint Jean.

> Un sixième panneau représente le Père éternel dans une Gloire.
> Œuvre remarquable.

GUIDO Réni (École de)

19 — Le Sommeil de Jésus.

HELST (Bartholomé Van der)

20 — Portrait en pied d'un Gentilhomme hollandais.
    (Sur vélin.)

21 — Portrait en pied d'une dame hollandaise.
    (Sur vélin.)

HOGARTH (Attribué à)

22 — Le Ménage de l'artiste.

HOLBEIN (Jean)

23 — Portrait d'un gentilhomme allemand.

HOLBEIN (École de)

24 — Portrait en buste de Marie de Swaunembourg.

25 — Portrait de femme vue de buste.

HUBERT (Robert)

Quatre Toiles formant panneaux pour la décoration d'un appartement.

26 — Péristyle d'un palais italien animé de nombreuses figures.

27 — Dessous d'un pont italien, avec lavandières; dans le fond, aqueduc et monuments.

28 — Ruines d'un temple antique.

29 — Vue de la maison carrée de Nimes.

PAR LE MÊME

Autre suite de quatre Toiles formant panneaux pour décoration d'appartement.

30 — Intérieur de parc avec cascades.

31 — Escalier d'un palais et colonne Trajane.

32 — Intérieur de parc avec fontaine monumentale.

33 — Intérieur de parc avec chute d'eau.

HYRE (Laurent de la)

34 — La Vierge allaitant l'Enfant Jésus.

JEANSON

35 — Sur une table couverte d'un tapis de velours vert, une corbeille remplie de fruits, quelques fleurs et des coupes de la Chine contenant des raisins et des framboises

JEAURAT

36 — Portrait de Jeaurat assis devant une table et occupé à dessiner.

KRANACH (Luc)

37 — Judith tenant la tête d'Holopherne.
_{Bonne qualité du maître.}

PAR LE MÊME

38 — Ève écoutant les conseils du serpent offre la pomme à Adam.

KRANACK Luc (Genre de)

39 — Fils d'un gentilhomme allemand, représenté en buste et portant un pourpoint rouge.

LALLEMANT

40 — Paysage avec cours d'eau et lavandières.

41 — Paysage avec rivière.

LAAR (Pierre de) dit Bamboche

42 — Muletiers arrêtés sous une grotte.

LANCRET Nicolas (Genre de)

43 — Deux Dessus de portes : scènes galantes.

LEDUC (Jean)

44 — Gentilshommes et Courtisanes attablés dans un jardin.

LEPOITTEVIN (Eugène) 1842.

45 — Phare sur les côtes de la Bretagne.
Au revers on lit une dédicace et la signature de l'artiste.

LOO Carle Van (École de)

46 — Diane et ses Nymphes surprises par Actéon.

LOO Carle Van (Atrribué à)

47 — Le Repos.
Jeune femme nue étendue sur un lit de repos.

LOPEZ J. (Signé en toutes lettres à droite)

48 — Fleurs et Fruits dans une corbeille posée sur une table de marbre.

MALTAIS (Le Chevalier)

49 — Instruments de musique et autres objets; le tout groupé sur une table couverte d'un tapis d'Orient.

MEER Vander de Yong (Signé)

50 — Deux Paysages; sites montagneux.

MILLÉ (Francisque)

51 — Paysage arcadique.

MIREVELT (Pierre)

52 — Portrait en buste d'un personnage flamand.

POELENBURG (Corneille)

53 — Moïse sauvé des eaux.
Les suivantes de la fille de Pharaon présentent à cette princesse l'enfant qu'elles viennent de retirer du berceau.

PALAMÈDES

54 — Portrait en pied d'un gentilhomme hollandais et de sa femme.

PIPPI Julio, dit Jules Romain (École de)

55 — Jeux d'enfants.

PORBUS (Pierre le Vieux)

56 — Portrait en buste d'un gentilhomme.
(Dessin.)

RIBÉRA (Attribué à)

57 — Ange apparaissant à des bergers.

RUYSDAEL (Salomon)

58 — Paysage.

>A gauche, des bergers gardant leurs troupeaux près d'un massif d'arbres ; au centre, route sur laquelle chemine un cavalier. Horizon étendu.

SCHIAVONE

59 — Satyre embrassant une Nymphe.

> Personnages vus à mi-corps.

SWAGERS (François)

Cinq Panneaux décoratifs représentant des Marines et des Paysages.

60 — Orage sur le bord de la mer.

61 — Village flamand bordé par un canal.

62 — Marine. Pleine mer. Soleil levant.

63 — Campagne hollandaise avec bergères et troupeaux.

64 — Vue d'une maison de plaisance sur les bords de la Meuse.

SWEBACH (Attribué à)

65 — Officier grec dans un paysage.

TERBURG (Attribué à)

66 — Dame hollandaise assise à l'entrée d'un parc.

VALIN

67 — Nymphes et Amours dans un paysage.

68 — Même genre de composition que le précédent.

VELDE Guillaume Van de (École de)

69 — Navires sombrant près d'un port.

VINCI Léonard de (École de)

70 — Visite de sainte Elisabeth à la Vierge.

> La sainte présente le petit saint Jean à Jésus assis sur les genoux de Marie.

VLIEGER (Simon de)

71 — Marine. Gros temps.

> Navires et bateaux de pêche soulevés par les flots.

WASSET Ance (Signé)

72 — Bouquet de fleurs. (Aquarelle.)

WATTEAU DE LILLE

73 — Halte de chasseurs.

> A l'ombre de grands arbres, des chasseurs et des dames se reposent des fatigues de la chasse.

PAR LE MÊME

74 — Cortége de fiançailles dans l'intérieur d'un village.

75 — Divertissement de la noce : repas et bal.

WATTEAU Antoine (D'après)

76 — Ancienne reproduction représentant le sujet connu sous le titre de l'Aventurière.

WATTEAU Antoine (École de)

77 — Intérieur de parc.
<small>Sur le premier plan quelques figures laissées en esquisse.</small>

WITT Emmanuel de (Attribué à)

78 — Intérieur d'église.

ZAMPIERI (Dominico, dit le Dominiquin)

79 — Agar secourue par un ange.

ANCIENNE ÉCOLE ALLEMANDE

80 — Deux Volets de diptyque représentant, d'un côté, des donateurs et leurs familles sous la protection de saint Jean et de sainte Clotilde; et, de l'autre côté, le Christ apparaissant à la Vierge.

81 — Jésus, entouré de soldats, est amené devant Pilate.

ÉCOLE ALLEMANDE

82 — Portrait d'un prince régnant de l'Allemagne, présumé celui de Frédéric II, dit le Grand.
<small>En buste, de trois quarts, à gauche; la main gauche appuyée sur la garde de son épée, la droite tenant un bâton de commandement.
Riche cadre en bois sculpté, avec attributs de guerre.</small>

ANCIENNE ÉCOLE ESPAGNOLE

83 — Saint Évêque officiant et intercédant pour les âmes du Purgatoire.

84 — L'Adoration des bergers.

>Des anges soutiennent le divin Enfant adoré par la Vierge et les Bergers ; des séraphins jouent de plusieurs instruments ; fond de paysage.

85 — Le Symbole de l'Eucharistie.

>Représenté par les figures de Jésus tenant le calice et celle de saint Jean portant l'agneau.

ANCIENNE ÉCOLE ITALIENNE

86 — La Vierge, Jésus, sainte Catherine et le petit saint Jean.

>Bordure monumentale en bois sculpté.

ANCIENNE ÉCOLE FRANÇAISE

87 — Gentilhomme de la cour de Henri III, vu en buste.

ÉCOLE FRANÇAISE MODERNE

88 — Jeune Femme composant un bouquet.

INCONNU

89 — Deux Sujets mythologiques.

>Peinture sur fond d'or, genre Martin.

INCONNU

90 — Femme nue couchée sur un lit de repos.

— 14 —

SIGNÉ DU MONOGRAMME L. F. D. B. 1734.

91 — Rébecca à la fontaine reçoit les présents d'Éliézer.

92 — Plusieurs Toiles non cataloguées.

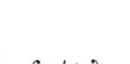

⋈⋈⋈

Renou et Maulde, imprimeurs de la Compagnie des Commissaires-Priseurs, rue de Rivoli, 144. 58320

RENOU ET MAULDE
IMPRIMEURS DE LA COMPAGNIE DES COMMISSAIRES-PRISEURS
Rue de Rivoli, 144

www.ingramcontent.com/pod-product-compliance
Lightning Source LLC
Chambersburg PA
CBHW050041230526
45470CB00003B/1382